Antología Poética

Antología Poética

Antología Poética

Ronda de soledades
*****

Murcia- 1997
****

Antología Poética

"...para acercarme a las cosas que siento mías, como las viejas amistades, alguna fidelidad, o aquellas convicciones de amar y sentir que hoy parecen tan frágiles, y tan absurdamente olvidadas".

(E. López Pascual: "Esta noche recuerdo el Eugenio")

ISBN 99934-70-01-5
Dibujo portada:© Joaquín Molina Muliterno
Diseño gráfico: © José Rodríguez Velázquez
© **A. Rodríguez Hernández 2000**
  Reg. Prop. Int. Murcia nº 00/2001/11012

Antología Poética

1

Aquí están nuestros poemas...
¡por fin están delante de ti!
Tantas horas que me han costado,
   tantas noches en vela,
      tanto papel desperdiciado...
Al fin recorrieron el camino
   entre mi mente y el papel,
      entre el papel y tus ojos...
¡Dios mío, tanto trabajo de amor plasmado!
Esas horas de afán sereno
   no son ya nada ...
         ¡se olvidaron!
Aquí, entre estas páginas que ves
estamos tú y yo
y nuestro secreto mundo
con su colección de celos,
amores, ilusiones,
desamores, frustraciones,
        olvidos, caricias, besos...
Todo aquello que no llegó
a unirnos y sin embargo...
      ¡nos separó después!
Aquellas cosas tan bellas del principio
   y las de este final sombrío.
¡Tan claras que las sentía
y tan oscuras que han quedado!
Pero están mejor así, impresas,
eternamente fijas en el papel.
Ni el sol nuevo sabe
ni la luna en la noche puede
darles nueva vida otra vez,
   con sus rayos revelados.

Aquí están:
eternos, perpetuos,
congelados sentimientos,
 ¡ni muertos ni vivos!,
que dejarán de tener sentido
cuando tú y yo nos hayamos ido.
Hoja a hoja aquí están,
sencillos, afables, dolorosos,
 ¡sangrantes a veces!,
 ¡qué naturales parecen!
Hizo el amor su gran milagro.
Cierras el libro..., abres el alma
y suben a más claridad alzados.
A la luz de estos poemas
quedaron mi amor y el tuyo...
o el tuyo y el mío, en eterno abrazo,
y escondida entre sus versos
la historia de amor de dos vidas
 - la tuya y la mía -
que amor tuvieron
pero que no supieron...
 o no pudieron...
 o no se atrevieron...
a ignorar el mundo y...
 ¡amar sin tiempo!

2

Por inventarte a ti, por descubrirte,
rebusco afanoso
en el interior de mi mente
tu presentida imagen...
        y no la encuentro.

En la playa de mi mente,
como si de olas se tratara,
repetidas y eternamente iguales,
hijas todas de la misma marea,
fruto todas de la misma obsesión,
van y vienen las imágenes una a una
        a la par que aguardo...

Y una... y otra vez, con desespero,
una imagen con mil rostros incompletos
se dibuja en el romper de cada ola,
borrándose al instante,
        blanca de espuma,
llevada por el agua,
        mecida por el viento,
mientras su rugir contra la roca
deja el eco sin palabras de tu nombre.

¿Cuántas olas he de contar aún
        en esta playa de latidos infinitos?
Cada ola deja tu imagen más viva,
más nítida,
y así una y otra y otra más...
        pero siempre incompleta.
Y desde dentro de mí fluye serenamente
a medio pronunciar...
        ¡tu nombre!

¡Ay! pero la palabra tiembla y se desgaja
en un lamento que más parece
 una eterna despedida.

No sé cuando lograré tu imagen.
Dentro de mi pecho está y no la encuentro.
A fuerza de silencio atesorado la busco,
desde el flujo inmemorial del ir y venir
 de las olas de la playa de mi mente,
como el giro eterno de las estrellas
ilumina perpetuamente el cielo...
 de mi virtual bahía.

3

      Grabé tu nombre.
Sobre roca viva.
   Al borde del camino.
Con letras relucientes como escarcha.
      Grabé tu nombre.
En el fondo del mar.
Con alfabeto de alga y coral...
    En mi interior también quise
íntimamente grabarlo,
ornándolo con signos de nostalgia,
   pero no hizo falta, no...
             ¡allí ya estaba!
  Allí, tu nombre
     - tu escondido nombre -,
supo siempre de mis amores,
      conoció mis ilusiones,
acompasó mis temores,
        vigiló mis sueños...
    ¡Dios mío!¿cuándo se irá de allí?
Preso tengo el pensamiento
de tu amor y desamor encadenado.
La llave la tienes tú...
      Es tu nombre, el carcelero.
Difícil cuento es mi historia...
   ¡difícil separar en él sueño y vida!
No es mi realidad vivida
mas clara que mis sueños son...
    Como un loco, amor, estoy buscando
a mí y a tu nombre unirte.
¡Para alcanzarte, amor, para tenerte!

4

Claroscuro el cabello.
Vida en la piel.
Ante la risa... blancos,
entre risueños...rojos,
junto al azul,
      en la noche,... claros
  - dientes, labios, ojos -.

Tuyos.

¿Pero cómo decir que te vi
      y en qué momento fue?

El juego y la gracia
en tus manos de niña al aire...

Tu forma pura... ¡engaste de estrella!,
en esa plenitud de desnuda carne
      recién deshojada.

(No sé si el deseo es afán de amor o de muerte...
  o caja de cenizas donde rumiar mi suerte).

5

Diciembre, seis.
Calle Mayor.
Reconozco que no esperaba encontrarte
                 y, mucho menos, allí.
Te vi venir...
El momento, la mirada, la sonrisa,
los ojos bajos...
        Nace el amor.
El alma se esponja, se recrea en ella misma.
Luego,
    al canto del amor de repente nacido
fuiste dándole forma final
ante los asombrados ojos de mi alma.
No fui capaz de decir nada, apenas nada,
la siguiente vez que te vi...
sólo que te sentía más cierta,
             más viva,
               más mía...
mientras tú, con tu juvenil descaro,
   con tu frescura sin pasado,
      entrabas en mí arrollando mi vida,
desconcertando mis horas,
           trastocando mis días.
    Sobran palabras.
Quizás fuera tu luz.
      La luz de tus ojos.
      - - -
Mi yo es todo luz en tu presencia...

6
Tú eres mi mar.
Tuya es la brisa que mueve el barco
                          de mi corazón.
A su marea bogo con ansia
buscando en la playa de tu cuerpo
todos aquellos besos que siempre...
                      ¡el destino me negó!
De mi soledad oscura y concreta,
  - tan parecida al llanto -
embriagada y temerosa en si,
nace ese amor que te tengo
y que preside todas mis horas.
Porque cada noche eres...
la compañera de mi aventura,
la heroína de mis sueños,
la capitana de mi nave,
el centro oscuro de mi olvido...
De mi olvido, ¡si!...
porque siempre estás en el centro
                    ¡del mar de mis ilusiones!
Cada noche eres...
la ola de mi deseo,
el calor de mi siesta,
la brisa de mi playa,
el borde de mi acantilado,
mi agua oculta,
mi soledad temblando...

En mi mar hay un ir y venir de olas
jugando con la consumación de las espumas
cuya voz y cuyo rostro son de ti... espejo.
No se amarte más...
    pero la espera también puede ser caricia.

7

Yo no quiero tu amor eterno, inmortal,
imperecedero,
        hecho de grandes gestos...
Lo que busco en ti es un amor sencillo,
    frágil y delicado,
        tierno y cariñoso,
que se me escape, vaporoso, entre los dedos,
que se me muera en las manos todos,
                todos los días...
para retoñar a la mañana siguiente
        como renace el sol al alba.
No, no quiero tu amor eterno,
perenne como el mar,
¡yo quiero un amor de ola!,
vivo y rugiente en el venir,
plácido y sereno al irse...
retirándose, cada noche, sin ruido.
No quiero un amor como la arena
ni como la roca del acantilado
- pared eterna contra la espuma infiel -
ni siquiera como la barca encallada,
hundida la quilla en la playa con ahínco.
No, no quiero el cielo perpetuo,
ni el pertinaz viento húmedo,
ni la exactitud abrumadora de la marea,
ni la vela henchida de por siempre...
No quiero tener tu amor seguro,
¡ yo quiero tener el miedo
        de perderlo cada día!
y sentirme acobardado, ausente de ti...
pero recobrarlo cada amanecer
renovado a los limpios ojos del alma.

Quiero tener un amor de otoño y sentirme
desnudo como el árbol de hoja caduca
que renueva sus brotes cada primavera...
con hojas siempre nuevas, distintas,
que lo visten con el verdor de la penumbra.
No, no quiero un amor de contrato
ni quiero una pasión en formol,
- cementerio de palabras -
yo quiero trabajar tu tierra surco a surco
germinando en ti rosas de fuego...,
navegar entre ti y lo tuyo en tibio lecho
        a merced de la marea del sino...
pero no quiero de ti un amor para toda la vida,
lo que quiero, lo que yo quiero es....
nacer a tu amor día a día...
        ¡toda la vida!

8

Tan cerca estás de mí que, a veces,
hasta podría respirar el aire que tú dejas.
A veces ni existe ese espacio
que, tácitamente, guardamos entre los dos
y lo violamos
      con un tesoro de confidencias y secretos.
Tan cerca estás de mí que, a veces,
me asombras con tu distancia
y me siento como un mueble más de tu entorno,
libre de cuerpo como en un espejo
donde no hay temor, ni pena, ni alegría...,
      tan sólo el vivir callado de las cosas.
Pero tú, inconscientemente, sigues
con tu presencia
encendiendo mis sueños de fuego,
presidiendo mi aire con tu invisible perfume
e incitándome...
      desde el otro lado de mi piel.
Y es entonces cuando cierro mis ojos,
abro mi sueño y...
      levemente creo tocar tu mano,
y siento tu piel secretamente porosa, abierta
y el latir por ella de tu escondida sangre.
Hace falta estar ciega, hace falta no querer
para no reconocer en otra sangre el rugir callado,
otra sangre que dulcemente oscura te besara...

Recreo estos sueños, vivos en mi pensamiento,
con la consciencia clara del esfuerzo desnudo,
de la huella tibia de tu cuerpo,
del lecho a solas,
de las riendas quebradas,
del abandono del orgullo propio,
del torrente oscuro de la sangre enardecida.
Y en ese instante confuso de mi mente
me arrojo, acunando ternura,
a lo más secreto de mi sueño
y abandono mi alma a la deriva,
perdida ya, en la mórbida tersura de tus senos,
   ...en el negro pozo de tus ojos,
     ...en el canto completo a tu carne,
       ...empapado de tu voz, enredado en tu pelo
y luego, lentamente,
    muy lentamente,
        bajar buscando aquel...íntimo arco,
entre las dos columnas que sustentan tu armonía,
y donde entrarme despacio,
        ...despacísimo,
              ¡triunfal!
Luego llega a mi carne, con tu carne,
ese instante lúcido y en mi sueño...
    retiro mi mano...
        y apago mi sueño.

Sé que no debo, pero...
¡te tengo tan cerca en mis sueños...!

9

Adoro esa complicidad sin palabras
que guardamos los dos como un tesoro...
Cundo el amor nace poco a poco,
sin estallido de ruptura, es difícil darse cuenta de él.
¿Cómo detener ese instante
en el que se pasa del no amor al amor?
A tu lado, bajo una luz de estío,
   es tan fácil bañarse de celos
      cuando me cuentas tus vivencias,
el pasar de tus horas en otros brazos,
el dejarte acariciar por el sol y la brisa
      que te impregna de su olor a brea y mar...
¡Ay, si hasta del mar tengo celos
cuando moja morbosamente tu piel
y pone abril allí donde tu secreto en voz alta me
llama!
¡Acaso no notas el temblar de mi voz
      y el galopar frenético de mi pecho!
Pero cómo decírtelo si... se me estremece la carne
tan sólo con el presentimiento
de encontrar un destello de reproche
      al fondo del oscuro corredor de tus ojos...

(Tan sólo en el caer de la noche
me doy a la esperanza de que el amor
abra tus labios a la luz de mi día).

10

Puesto que no existes tendré que inventarte.
Eres lo desconocido.
Pero si la quimera precisa... ¡también se inventa!
El alma exige una tregua, un desenlace de aurora,
mientras el amor aguarda a ciegas y sin apremios.
Si he de meter mil siglos dentro del mismo minuto,
si he de fundirme altivo con la sonoridad del mar,
si he de vencer en triunfo improvisando una gloria
para que tú te hagas realidad en el cristal de mi
espejo...
lo haré sin vacilar presto ya que, cuando en la noche
se ilumina ágil mi deseo, se desborda mi cuerpo
en tan singular desnudez que entonces comprendo
que, más profundo que el tiempo,
    es la expresión de mis horas
              en la plenitud de tu carne:
                    ¡Eres... mi amor en punto!

11

Porque es igual que tú,
    lánguido y luminoso...,
        ¡me atrae tanto el verano!
De mi verano y mi mar admiro
el verde de los pinares
    y el brillo arrebolado de las olas...
        ¡que tanto se parece al color de tus ojos!

Porque es igual que tú,
    cálido y sensual...,
        ¡me apasiona tanto el verano!
De mi verano y su sol venero
el ardor de sus días
    y la voluptuosidad de sus tardes...
        ¡que tantos recuerdos me traen de ti!

Porque es igual que tú,
    insinuante y esquivo...,
        ¡me enamora tanto el verano!
De mi verano y su noche adoro
la limpieza de su cielo
    y el tintineo de las estrellas...
        ¡que tanto me recuerda el brillar de tus ojos!

        ¡Ay, mi verano... y tú!

12

La mujer posee en sí
   la suprema
      belleza de la forma.
Creada de la tierra de otra tierra
- diseño de lujo en el capricho de Dios -
   y para ser barro de su mismo barro.
Creada para que ésta, en su solaz,
pudiera recrearse en su hermosura.
Forma que sólo se entiende
siendo viajero y peregrino en ella,
hollando sus caminos,
  entrando en sus recodos,
    bebiendo sus regueros,
      ...descansando en sus regazos.
Forma que es, a la vez,
  tierra de perdición y campo de siembra.
Forma de por sí:
    ¡consuelo y ansia!
Forma que existe conteniendo,
      ...¡hecha para contener!
Forma de curva grácil,
   surtidor de sueños,
senos de gozo y vida...,
      amante y madre.
Forma que, hecha de mi barro,
   es mi lloro...
      y es mi canto.

13

Al fin entiendo, y asumo, mi destino.
Por fin comprendo
en toda su desnuda certeza y justa monotonía
el por qué del pesado
      y lento discurrir de mis horas.

Resuelto en volver al fondo de todo,
al principio, al origen, al inicio...
busco renovarme en tu agua como fresca gala.
Y así, buscándome ansioso a mí mismo
    - muerto a mi propia luz -
me entrego a ciegas a esa leve estrella
que en tus ojos se alberga,
    - estrella hecha de mi misma huida -
      y en cuyo brillo presiento mi redención.
Culpo al mundo...
porque el mundo, de algún modo,
    ha de llorar conmigo
esa sinrazón suya que nos alza como fuego
    y que al instante nos esparce como ceniza.
Todo en esta vida mía es un querer llegar,
es una ciega entrega hacia un azaroso futuro,
es un sinvivir encerrado en mis propios actos,
es la mentira piadosa de mi propia fábula
vagando en el espacio del engaño absoluto.

Por eso yo, mi hombre nuevo,
busca salir desde el fondo de su vacío
y... gozoso de sus presos actos,
    - presos en la cárcel de la costumbre -
sacar de algún rincón alguna olvidada esperanza
      a la que asirse... ¡desesperadamente!

14

En la oscuridad de la alcoba me desvelo
y el saber que estás ahí, en lo oscuro,
hace que, en la noche,
        ¡te sienta más cerca que nunca!
  No te veo... ¡pero te oigo estar!.
En este mismo instante tu cuerpo
        tan sólo es sombra,
muerte blanca, soledad distraída...
y espera el clarín de la madrugada
        para la restauración de su vida.
Ahora mismo...
a solas caminas por la ancha calle del sueño
abrazada a tu silencio,
      vagando tu alma sin cuerpo
        por las lindes de tu propia mente.
Y yo, desbordado en soledad,
alzo mi mano para llamar a la puerta...
           de tu sueño.
Quiero romper el espejo, volverte a mi vida
     porque tengo celos del sueño y...
        ¡estrenar contigo la mañana!
Quiero amanecer ya fundido a tu sombra,
quiero apartar de mis ojos las vivencias de siempre,
las rutinas impuestas,
   los mezquinos límites sociales,
   la mohosidad de la costumbre
   y anclarme a la orilla de tu realidad
    dejando en libertad mi alma en tu presencia.

Porque hay entre tú y yo...
        ¡tantas complicidades!
Amanece.
Nace la primera luz y te veo junto a mí en el lecho.
¡Ya ves! tu imagen es aún la alegoría que me ata
    a mi particular universo

y es que, contemplar tu cuerpo,
      ...¡no se hizo para la prisa!
Cada belleza tuya la estoy contemplando
con temblor de besos y ardor de horas,
horas que me convocan a la intima música
de abrir interrogaciones en tu cuerpo dormido

porque...
    ¡tu amor es el puro vértice del mío!
Por eso, cuanto más te contemplo
      más te quiero en oscuridad.
Luego..., el pensamiento vuela
     ¡y el deseo también!.
¡Ay! Pero yo... ¡yo no me atrevo a matarte un sueño!
Por eso, en sombras...,
     aprendo a tener celos él.
¡Dios! ¡Le pondré frenos al viento del deseo!...
Apartaré la vista de la desnudez de tu cuerpo,
dibujado ya en la oscuridad semitransparente,
renunciaré al perfil ondulante de tu talle
   y me levantaré despacio,¡muy despacio!,
    ahogando cada paso dejado atrás
para que nada en el silencio quiebre...
      el cristal de tus sueños.
Te lo juro: hoy veo amanecer...
      con un vaporoso encaje de luz.

15

Pasó a mi lado y se congeló el instante...
Se quebró en mí el tiempo.
Como respuesta a su luz
    una escala de grises encendió la tarde.
Pasó a mi lado y se perdió luego...
Fue tan solo un segundo,
un segundo eterno,
norte de tiempo y distancia,
    eternidad sobre sueño...
        ¡porque me había sonreído!
No recuerdo la tarde.
No recuerdo el día ni la fecha
pero ese día me encaprichó una sombra.
Nunca había pensado
    en corresponder a un sueño
pero... ¿quién le pone bocado a dos almas
que vencen sus distancias contemplándose?

¡Ay! Oculto el amor, se desploma la noche...

16

En el inicio de los tiempos,
el amor fue para el hombre
como una página en blanco
y su mente el ardiente troquel
            con el que le dio forma.
Antes de él no había fe ni existía el amor...
pero él talló en granito el vuelo de la noche,
con su sombra cómplice construyó,
entre muros de sombra y misterio, su reposo,
y, bañado con la luz que lo desnudaba,
inventó caricias que despertaron el sexo de la noche.
Luego, dejándose acompañar del calor de otro cuerpo,
ciñó a él, dulcemente, su carne estremecida.
A esas horas le dio su blanco desnudo palpitante,
sus largos abrazos de pasión y de deleite,
y en el ardor luminoso de su piel profunda,
arrullándose con el sonido de su dulzura íntima...,
tembló y cerró en torno a su propio cuerpo
todos aquellos excesos imaginados
           que le redimían de su realidad próxima.
Y aún ahora, se asombra el pensamiento
cómo al derrochar noche a manos llenas,
en el cénit supremo de la caricia total,
se derrama la sangre en oleadas
en su lenta descensión del ardor al reposo.

17

Amor... ¿por qué llegas tarde?
¿No has visto que ya camino
sobre olas desmoronadas?
¿Acaso no has visto que el sol
ya no arde el día entero sobre mí?
¿Por qué inclinas, ahora, tu rampa
hacia mi campo sin surcos,
        hacia mi mar sin espumas?
Entonces dime:
¿por qué me haces mirar atrás?
¿hacia dónde fuerzas mi deseo?
¡Sí!...
En mi boca, en mi lengua, en mi voz
hubo entonces efervescencia de sentidos
        y afán de complicidades,
pero hora...
tan sólo son voz de halago
        ¡buscando una ilusión vieja!
¡Ay! Si tan sólo por una vez todo volviera
        dejando atrás mi primavera seca...
Sería de nuevo un alba clara sin ocaso
y sonrientes en penumbra
mis tentaciones brillarían tanto
que hasta de mi alma exhalarían
        asomando por sus ondas.
Pero... ¡ya es demasiado tarde Amor!
Los años me fueron tornando
en un crepúsculo de ilusiones
y, hoy, viviendo tan sólo por vivir,
mi alma sin abril,
        ...espera su estiaje.

18

Salí, Amor, en tu busca.
Apenas despuntada el alba.
Al anochecer, regresé exhausto...
Traía el alma intacta y plomo en los pies.
Salí en tu busca, Amor.
Me dijeron que te habían visto,
que era tiempo de seguirte,
                que apresurara el paso...
¡Ay! pero yo...
        ¡yo tan sólo era un simple hombre!
Un hombre con el corazón amarrado
                      a la costumbre.
Un hombre anclado a la orilla del mar
                  de una conciencia impuesta.
Pero aún así...
        ¡salí a buscarte, Amor!
Quería romper las cadenas de mi entorno,
gritar el ahogo de mis días,
lograr esa huida fugaz
                marchitamente eterna...
pero tenía el alma aprisionada,
hipotecada por tantos errores antiguos,
atrapada en una asfixiante tenaza social
                y junto a ella, la esperanza.
Por eso salí en tu busca, Amor.
Caminaba en tu pos...
           ¡deseaba tanto unirme a ti!
Murmuraba, maldecía, me lamentaba, lloraba...
Soñé mil veces tu logro
        e incluso a veces, te lo juro...
                  ¡hasta me atreví a soñar!
Salí a buscarte, Amor,
        pero no te encontraba...
Un día... te tuve tan cerca que tuve miedo.
Tuve miedo al miedo, miedo a no saber que hacer,
miedo al que dirán, miedo a la edad...
miedo a consumirme en tu fuego voraz

y tuve miedo... ¡un miedo irracional!
No comprendí entonces que tú nunca eres término,
ni destructor de ti mismo,
ni tan siquiera revelada valentía...
Y no fui capaz de extender la mano hacia ti.
Me faltó el valor de romper en trizas mi miedo...
   ¡y agarrarme a tu falda como un naufrago!
Luego... el alma troceada,
   el corazón en gris.
El ánimo, fatigado tras el dolor de estar mudo.
¡Y yo, que te había estado buscando, Amor!
Tras el miedo, el roce mordaz del desencanto.
Infinitamente muerta,
  vagamente humana ya,
    el alma se pregunta
   por el valor de sus cicatrices,
grabadas tenazmente en su memoria indeleble
y, oscuramente, se busca a sí misma deseando
   que su paz eterna venga con la aurora.
A la mañana siguiente, volví a salir en tu búsqueda.
De madrugada.
Salí a buscarte pero... ¡no te encontré!
De anochecida, arañando las sombras...
    otro vacío se estrechó junto a mí.

19

Me he jugado todos mis sueños
por un lugar en los tuyos.
He condenado mis canciones
a cárcel de labios mudos.
He vendido mis ilusiones
por un plato de promesas
y mi corazón por un sueño
engarzándose en tu espera...
Mi vida la empeñé para que
fuera tu bandera al viento...
y mi última esperanza
se la di de limosna al tiempo.
Ahora quedo solo y desnudo
sin nada, sin alma, sin cuerpo.
Nada soy ya,... nada valgo,
apenas una sombra,...
       ... apenas un recuerdo.

20

Luché cuerpo a cuerpo
con tu recuerdo
para echarte de mi mente.
- De mi mente.

Me ensañé con tu imagen,
estrujándola entre mis manos,
hasta hacerme sangre.
- Sangre, sangre.

La noche reinando en mi calle
entre farolas y sombras.
- Noche oscura.

La luz se abre paso tímida
entre despertares.
- Madrugada.

Rompe el gallo la alborada
entre cañizos y jaras.
- Amanece.

El sueño vence, tenaz, mi vela
inundándome de ti.
- Sueño, sueños.

La noche volverá a mi calle
y la lucha a mí.
- Sangre, sangre.

21

Triste murió el beso...
Se trastornaron los rumbos
de dos vidas que se miran
con el miedo a preguntarse
- hosco silencio interior -
por qué ceden a la vida su vida
 y, acurrucadas en un oscuro rincón
del fondo de sus almas,
    encadenan sus palabras
        al más absoluto silencio.
Luego, fatalmente obligados a vivir,
  como presos en torre de luz,
ellos mismos aparcan
- en un morir renovado y perpetuo -
sus ilusiones en el olvido
mientras, moribundo el triste beso,
 - milagro de amor, hijo de labios -
vuelto de ellos mensajero,
busca latidos nuevos
donde acabar redimiéndose
en la realidad de otros cuerpos.
Ahora ellos...
sombras entre las sombras,
con una infinita gana
de que no existiese nada,
su realidad entristecida se tiñe
difuminándose en ocio de amor
y, como ofrenda cuajada de desilusión,
brindan su estéril emoción
para no volver a tener del mundo
otro engaño de abril
            en su inocencia desnuda.

22

Nada fui.

Ni escarpada colina, ni mar bravío,
ni ancho horizonte, ni angosto río...
Ni tan siquiera
leve rumor de viento entre rocas...
¡Ay, fui mucho menos de lo que creía!

Y yo que llegué a pensar que era dueño de ti
   - ¡qué triste arrogancia! -
abierta tú al primer deseo de tus adolescentes días...

Y yo que llegué a pensar que fundiría contigo
   - en nocturno lecho -
ayer y hoy,
      laurel y rosa...
          ¡gris y rojo!

Pero... supiste herirme.
Tuviste que, en abrazo inmenso,
revolver luz con sombra,
agua con tormenta, memoria con olvido...
Y así... huido el día,
como racha de viento
   que la ilusión hiela, ya muerto...
se lanzó a la fosa del olvido mi fatigado cuerpo
y en su brocal de fría piedra dejó escrito:
   " *Nada he sido* "

(*La soledad es su compañera...*
     ... y a solas muere el poeta).

23

En un pequeño papel escribí todo mi amor.
Lo doblé y doblé e hice un barquito con él.
Lo llevé al mar.
                Al ancho mar lo empujé.
Allí le dije: "*Eres libre...*
                ¡ya puedes navegar, amor!"
Y le canté feliz:
   "*Navega libre tú, amor y vida,*
   luce tus altivos movimientos,
   no dejes que del amor la herida
   te arrastre a la fosa del tiempo.
   De capitán llevas... mi ternura,
   mis ilusiones... por bandera,
   y al timón, ...el destino y mi locura.
   ¡Amor, pon rumbo dónde quieras!."
Acunado de olas marchó alegre con mi cantar.
Mas, de pronto, una lágrima ahogó
                de mi cantar su poca fe...
y, al poco, vi que cómo se hundía...
                ¡mojado su papel!

(Hoy, hay otro amor muerto más...
                ¡entre las olas de mi mar!).

24

Te estuve buscando entre mis noches...
(Noches de pálidas luces rebozadas).
Abriendo, ilusionado, a tu espera mis ojos...
(Ojos del alma, suplicantes sin voz).
Rasgando tu silencio entre las sombras...
(Sombras de plata ante mis ojos mudos).
Pero supiste jugar a herirme con el tiempo...
(Tiempo desgarrado en mórbida mutación).
Se encendió mi orgullo esperando tu piel...
(Tu piel reflejando la luz que la desnuda).
No supe derivar entre tu tiempo y el mío...
(El mío cabalga entre mi reloj y tu capricho)
Comprendí, al fin, las dos caras de tu espejo...
(Espejo que quiebra el cristal de mi deseo).
Desesperó lentamente mi cuerpo de tu cuerpo...
(Tu cuerpo quedó huérfano de mis albores).
Y como cadáver de amor, tu amanecer sin aurora...
(Aurora sin halo en el crisol de mis sueños).
quedó enturbiado de rojos, ...corazón de nada.
(Corazón de nada... ¡Corazón de nada!).

25

Ahuyento mi soledad como presagio oscuro.
Apremio con rapidez al alba salvadora
que ejerza su influencia de amor y odio
y sumerjo mi alma en agudo grito.
¡Ay! Pero a veces me dejo ganar,
                ...me abandono.

  Me recreo en mí, en mi cobardía,
en aquel no saber luchar apenas,
por sucesos ambiguos, en huidas vanas.
   La dejé marchar sin ponerle trabas.
Pierdo en mí el sentido de la distancia...
Asaltos de mi mente que viene y va.
Balbuceos de ingenuo. Retrato de un loco.
Firmamento que rota de azul a gris.
Insolencia pasajera de un premonición:
                Ya no vuelves... ¡lo sé!
Y reposar sobre la húmeda hierba...
y contar latidos, silencios, olvidos...

Golpes de sien, reseco trago, recuerdos...
Amasar amores, ilusiones, odios, temores, afanes...

Cierro los ojos. El sol arde en mi frente.
Mil reflejos traducen aureolas en figuras
proyectando en mis párpados
el recrear de formas volátiles y dispares.

  ¡Ausencia de ti!... Lucha perdida... Fin.
  Sol, sueños, hierba, reflejo, adiós, mañana, tú...

              Sencillamente... ¡sin sentido!

26

Tú y yo...
        como agua simple.
Ya lo ves:
Palabras presas en silencios absolutos.
Latidos de mi mente en certeros recuerdos.

Marzo y abril...

Sí, marzo y abril
           por toda una vida.
Atrás se nos quedó la ilusión anónima.
(Ni siquiera la amargura lleva hoy rencor).
Ahora tan sólo nos queda ya el silencio puro:
    Agua, tú, abril...
          amargura, marzo y yo...
                 ¡para toda la vida!

Hoy tú, por mis sueños,
          ...juguete olvidado.

27

Mi destino...
triste y oscuro.

Miro mi vida y en mi vida
preludio de fin, canto de cisne.
No... nunca imaginé las sendas
en las que sería peregrino.

Miré tu cuerpo... y en tu rostro
boca roja, ojos tristes.
Desde el pozo de tus ojos
me estuvo mirando el destino.

Cuántas veces lo presentí...
¡setenta veces... siete!
Pero la suerte se me negó
en cada recodo...
                    de mi camino.

Triste y oscuro es...
mi destino.

28

Soy espectador de mi propia vida.
Perdido a cada instante en ella...
    y sin embargo no hay derrota.
Vivo a cuestas conmigo mismo.
Pero aún vuela, no obstante,
        tu imagen en mi espejo.
Tú y yo,
    ...tu imagen y mi espejo.
    Así de simple.
Tu imagen se me apoyó hoy en el hombro
        como un recuerdo más.
Esta noche...
    ¡me servirá de almohada!
Por ti agarré con las manos un sueño
    y el sueño se desangró entre ellas.
Te solté el pelo para envidiar al aire
    ...y el primer viento me lo arrebató.
¡Dejadme solo todos!
Aquella noche tú no estabas...
    pero te oí llorar.
No me pesó más el fracaso que la agonía.
Ahora...
    ¡toda una vida de sueños me espera!
  - - -
La noche ha cumplido con creces
        su promesa.
Se ilumina mi deseo por el anuncio
    de mil noches enternecidas.
¡Nadie que te pueda soñar...
    ...está demasiado lejos!

28

Recuerdo de mis adolescentes días
      - ya tan lejanos -
aquel grato negarse sobre el cuerpo fatigado,
aquel preservarse consentido,
aquel detenerse contemplando
          una casta e inviolada ignorancia.
Me recuerdo tantos días preguntando...
      - preguntándome -
          tantas y tantas cosas
en el lento fluir de mis horas,
en la oscuridad de mi juvenil alcoba...
con respuestas que no pude o no supe comprender.
Recuerdo mi sorpresa ante el rumor de la vida,
mi asombro ante dilemas como el amor o la muerte,
mi desconcierto ante la libertad de mis sueños
y la confusión de mi mente...
          que volaba con el deseo.
Recuerdo mi miedo ante las sombras
y mis sueños de dogma y sangre,
como salpicaduras tristes royendo mi memoria
          en un pasado que casi no existía.
Recuerdo como un coro de voces que aún resuena,
que aún se levanta en mi oído,
          sobre el bostezo del tiempo...
amordazar opresivamente mis juveniles deseos
como turbio negror en el candor de mis noches.
También recuerdo, como si fuera hoy mismo,
la mágica imagen de mis noches iluminadas,
embriagadas de bocanadas de luz y éxtasis...,
de luz sin marca, sin límite, ...sin final.

Recuerdo fielmente el espanto
                    y los gemidos íntimos
de unos sueños atormentados
por la amenaza real de un fuego eterno
ante el enemigo anhelado... de un cuerpo de mujer.
Y recuerdo, en la hondura del tiempo,
aquel silencio de Dios,
aquel fluir, en mi mundo, de la tristeza...,
aquel pasar lento, muy lento, de mis cosas...,
aquella inundación súbita de luz, de colores...,
aquel rubor ardiendo ante unos labios rojos...
y entre todos mis días, aquel que,
ciertas manos de mujer, ...se llevaron mi niñez.

FIN

www.ingramcontent.com/pod-product-compliance
Lightning Source LLC
Chambersburg PA
CBHW061517040426
42450CB00008B/1667